AF391334

NOTICE BIOGRAPHIQUE

SUR

ALEXANDRE DUCROZ

ALEXANDRE DUCROZ

DE SAINT-JEAN DE MAURIENNE

NOTICE BIOGRAPHIQUE

OU

DISCOURS

PRONONCÉ SUR SA TOMBE

à l'occasion du troisième anniversaire de sa mort

PAR

F. TRUCHET,

Président de la société de secours mutuels de l'*Union*.

La société de secours mutuels de l'Union de Saint-Jean de Maurienne, ensuite de l'initiative prise par quelques-uns de ses membres, a eu la bonne pensée de déposer une couronne d'immortelles sur la tombe de son bienfaiteur feu Alexandre Ducroz, de notre ville, le dimanche 16 février, époque anniversaire de son décès, arrivé le 14 février 1876. La société de secours mutuels en corps et au grand complet, la musique municipale et un piquet d'hon-

neur de la compagnie des sapeurs-pompiers for-
maient le noyau du cortége, que complétait un
grand nombre de nos concitoyens.

La couronne était portée par quatre charmantes
jeunes filles de sociétaires vêtues de blanc. Formé
à l'Hôtel-de-Ville, le cortége se rendit au cimetière,
au son d'une marche funèbre exécutée par l'Union
lyrique ; puis le président de la société de l'Union,
déposa la couronne sur le monument que la ville
de Saint-Jean a fait élever sur la tombe de son bienfaiteur. Ensuite, il prononça le discours suivant
qui est plutôt une biographie succinte de Ducroz ;
et c'est cette considération surtout, qui nous a dé-
cidé à le publier, car jusqu'à présent on ne lui a pas
encore rendu ce devoir de le faire connaître.

MESSIEURS,

Il y a trois ans qu'à pareille époque, la ville de
Saint-Jean de Maurienne était plongée dans le deuil:
elle venait de perdre un de ses meilleurs citoyens,
M. Ducroz Alexandre, que vous avez tous connu. Je
ne veux point troubler la tranquillité de sa cendre
en faisant de lui un éloge stérile en phrases pom-
peuses ; permettez-moi, et je crois que ce sera son
plus bel éloge, de dire quelques mots de sa vie pri-
vée et de sa vie publique.

Alexandre Ducroz naquit à Saint-Michel de Maurienne le 16 décembre 1814 ; son père était médecin et sortait d'une honorable famille bourgeoise, originaire du village de Sixt, en Faucigny, comme son parent le célèbre géographe Ducroz (de Sixt.) C'est vers 1825 que le médecin Ducroz vint s'établir, avec sa famille, à Saint-Jean de Maurienne.

Le jeune Alexandre fit ses études au collége de Saint Jean. A la magistrature que son frère avait choisie, il préféra une position plus indépendante et voulut être simplement commerçant. Ce fut à Genève qu'il se rendit pour y apprendre les notions commerciales nécessaires à l'exécution de son projet, et en même temps les habitudes d'ordre, de travail et d'économie qui lui permirent de réaliser cette fortune dont il vient de laisser une si grande part à notre ville.

M. Ducroz avait épousé Mlle Didier, dont le père était notaire et dont le frère est M. l'avocat Didier, ancien sous-préfet, l'un des plus savants botanistes de France, et aussi l'un de nos plus sympathiques concitoyens. Pendant quinze ans, Ducroz jouit auprès de son épouse du bonheur le plus paisible et le plus complet que l'on puisse désirer, car Mme Ducroz réunissait à des avantages physiques un esprit souple et délicat, et de précieuses qualités du cœur qui firent oublier à Ducroz qu'elle n'avait pu le rendre père. Cette douce compagne de sa vie le quitta le 25 novembre 1858 pour entrer dans l'éternel repos.

Après cette perte cruelle, Ducroz reporta ses affections sur quelques amis intimes, qu'il eut la douleur de voir, quelques-uns au moins, le précéder au tombeau. Quoique bien douloureusement éprouvé, Ducroz ne tomba pas dans cet état de tristesse misanthropique qui est le propre des esprits faibles et des cœurs desséchés ; loin de là, c'est peut être à partir de ce moment qu'il devint vraiment philanthrope et médita les bases de l'excellente œuvre dont son testament est la consécration ; Ducroz avait toujours aimé à soulager les misères des pauvres honteux, et que de bien pourraient dire de lui ceux qui étaient chargés de répandre ses libéralités cachées !

Il aimait les jeunes gens et avait le culte du bon, de tout ce qui est grand et simple, artistique ou généreux. Il avait l'orgueil patriotique, cette précieuse vertu des Savoyards ; aussi, lorsque des compatriotes avaient remporté quelques succès au dehors ne manquait-il jamais de les en féliciter, et de les encourager à persévérer dans leurs études ou leurs travaux, alors qu'ils revenaient se fixer à l'ombre du clocher natal.

De taille ordinaire, Ducroz avait le visage sou-

riant qui attire la sympathie ; il aimait à raconter des
anecdotes, quelquefois en patois du pays, et alors
son esprit se révélait avec une fine ironie dont l'é-
clat de ses yeux semblait aiguiser la pointe inno-
cente.

Doué d'un jugement sûr et d'une grande droiture
de cœur, les opinions politiques de Ducroz
le plaçaient dans ce grand parti du progrès, qui
fait tous les jours de nouveaux adeptes et qui de-
mande, pour tous, la liberté avec l'instruction mo-
ralisatrice sous l'égide d'un gouvernement républi-
cain.

Depuis deux ou trois ans avant sa mort, il se sen-
tait atteint d'une affection organique de la plus
haute gravité, car elle ne pardonne jamais (hyper-
trophie du cœur) ; mais assez souvent elle laisse **au**
malheureux qu'elle frappe, avec un avertissement
précoce, le temps de régler ses dernières volontés.
Cet avertissement ne fut pas perdu pour lui, car nous
voyons son testament daté du 15 avril 1874. Depuis
cette époque il eut des alternatives de maladie **et**
de santé, fugitives lueurs qui eussent pu ranimer
ses espérances et celles de ses amis si l'illusion eût
été possible ! Enfin, il succomba le 14 février 1876,
dans une douce agonie et avec l'intérieure satisfaction d'avoir accompli une honnête existence en ser-
vant son pays et en lui étant utile encore après sa

mort. Cette conviction avait laissé sur son visage une sérénité calme et majestueuse, apanage et dernière récompense de l'homme probe et bon dont la dernière pensée a été une pensée de bien !

Jetons maintenant un coup d'œil sur la vie publique de Ducroz; en un mot, examinons l'état des services de ce bon citoyen :

Cultivant la musique avec quelque succès, il fut pendant plusieurs années, à partir de 1843, chef du corps de musique de notre ville.

Depuis 1848, alors que le régime électif fut établi dans les États sardes, dont la Savoie était une province, Ducroz fut appelé par ses concitoyens à siéger au sein du conseil municipal. La mort l'y surprit.

Le 19 février 1848, le conseil municipal le choisissait pour faire partie de la députation qui représentait la ville de Saint-Jean aux fêtes qui eurent lieu à Turin, avec le concours des autres villes et communes des États sardes, à l'occasion de la promulgation des libertés constitutionnelles octroyées par le roi Charles-Albert.

Trois mois après, il était élu lieutenant de la garde nationale.

L'année suivante (6 mars 1849), il était nommé l'un des quatre vice-syndics et conseiller délégué fonction qu'il a remplie jusqu'à l'annexion de la Savoie à la France.

Le 11 novembre 1849, ses compagnons d'armes lui décernaient par élection le grade de capitaine de la garde nationale.

Le 24 octobre 1857, le conseil municipal le désignait pour faire partie de la députation provinciale de l'instruction publique, en exécution de la loi du 22 juin 1857.

Membre des commissions administratives de l'hospice et du bureau de bienfaisance depuis l'annexion, il occupa la charge de vice-président de ces commissions jusqu'à sa mort.

La société de secours mutuels de l'Union l'avait aussi élu au nombre de ses administrateurs, dans sa première assemblée générale de formation, le 12 décembre 1869.

Son testament était enfermé dans une enveloppe à l'adresse de M. le Maire et accompagné d'une lettre dans laquelle il demandait que, sitôt après son décès, le Conseil municipal se réunit pour en prendre connaissance. Ainsi fut fait le 15 février, au matin, en présence de tous les conseillers municipaux, chez lesquels cette lecture provoqua les plus vifs sentiments d'étonnement, d'admiration, de reconnaissance et de regrets.

Voici un précis de son testament :

La ville de Saint-Jean de Maurienne est instituée héritière universelle et chargée d'exécuter ses dernières volontés.

Legs de 30,000 fr. au bureau de bienfaisance, à charge de servir deux rentes viagères, à l'extinction desquelles les revenus seront appliqués :

1° 400 fr. de rente annuelle en secours pour des apprentissages d'arts et métiers.

2° 300 fr. de rente annuelle à l'établissement de la Providence (orphelinat de jeunes filles pauvres).

3° 200 fr. de rente annuelle en prix d'encouragement au bien, en 4 ou 6 prix à des ouvriers ou domestiques des deux sexes, par égale part, choisis par le Conseil municipal, dans le nombre de ceux qui se seront signalés par leur conduite et leur travail, ou par quelque action très-méritoire. (Cette charge pour le bureau de bienfaisance sera toujours la première exécutée).

4° 100 fr. de rente annuelle à la compagnie des sapeurs-pompiers.

5° 100 fr. de rente annuelle au corps de musique.

6° 100 fr. de rente annuelle à la société de secours mutuels de l'Union, dont il était l'un des administrateurs.

Le surplus des intérêts sera distribué par le bureau de bienfaisance surtout pour soulager des misères cachées et bien souvent imméritées.

Legs de 5,000 fr. à l'hôpital pour aider à entretenir les femmes infirmes admises dans l'établissement.

Tout le surplus de la succession, après le prélèvement des legs ci-dessus et de ceux faits aux parents, sera placé en rentes sur l'Etat et le produit sera appliqué chaque année en améliorations pour l'instruction publiqué des deux sexes.

Un service funèbre sera célébré tous les cinq ans, les écoles communales seront tenues d'y assister.

Voici l'inscription qu'il ordonna de graver sur une pierre placée sur sa tombe : *Il aima bien son pays ; il l'a servi, et le sert encore.* La ville de Saint-Jean ne s'est pas bornée à une simple pierre, mais elle a fait construire le mausolée que vous voyez et qui porte l'inscription textuelle.

Les funérailles de Ducroz eurent lieu le 15 février 1876, à 10 heures du matin. Toute la ville et grand nombre d'habitants de la banlieue y vinrent.

Les écoles communales, l'orphelinat de la Providence, le pensionnat de Saint-Joseph, toutes les confréries, la compagnie des sapeurs-pompiers, le corps de musique. la société de secours mutuels de l'Union, le Conseil municipal, présidé par le Maire, prirent part au cortége, dont la tête était arrivée au cimetière que l'extrémité sortait à peine de la cathédrale, tant était grande l'affluence, et vraiment sincère ce deuil public.

Sur la tombe, M. l'avocat Richard, maire de la ville et l'ami intime de Ducroz, sous l'influence de la plus vive émotion, prononça un discours dans lequel il faisait l'éloge de son ami.

Aujourd'hui, c'est un devoir de reconnaissance qui nous amène devant cette tombe fermée. Grâce à l'initiative de quelques-uns de ses membres, la société de secours mutuels de l'Union a voulu, par une marque fragile et périssable, hélas! comme le sont toutes choses ici-bas, témoigner de son souvenir pour le bienfait rendu : une simple couronne d'immortelles, achetée par souscription entre les membres de la société de l'Union, est l'emblème de sa reconnaissance aussi immortelle. Mais, Messieurs et chers sociétaires surtout, nous pouvons encore tirer de cette journée un profit autre que celui de la satisfaction d'un devoir accompli, et justifier encore ces paroles prophétiques de Ducroz : *Je serai utile même après ma mort*, et voici comment :

Ducroz est pour nous tous, ouvriers qui gagnons notre vie par le travail, un exemple de ce que peut le travailleur laborieux, probe, économe et prévoyant ; nous savons comment il commença modes-

tement, comment aussi, avec de l'ordre, du travail
et de l'économie, il a pu réaliser cette fortune rela-
tivement considérable pour notre pays et dont il a
fait un si patriotique emploi. Courage donc ! tra-
vailleurs, ne nous faisons pas de dangereuses illu-
sions : suivons l'exemple de Ducroz, n'espérons
qu'en nous-mêmes et en notre labeur quotidien, car
le travail c'est la liberté !

Avant de terminer, je dois adresser, au nom de la
société de secours mutuels de l'Union, les remerci-
ments les plus sincères au corps de musique et à la
compagnie des sapeurs-pompiers, d'avoir bien
voulu s'associer à notre manifestation de reconnaissance.

Dors en paix, ô Ducroz, sous les pierres de ton
mausolée, auprès des restes de l'épouse que tu
aimais, et si tu y es encore sensible au souvenir
des vivants, sois convaincu que ta mémoire vivra
pendant de longs siècles, avec la reconnaissance
pour tes bienfaits, dans le cœur de tes concitoyens !

CHAMBÉRY
1879
IMP. C.-P. MÉNARD

www.ingramcontent.com/pod-product-compliance
Lightning Source LLC
LaVergne TN
LVHW020857200726
843508LV00003B/1224